ARTILLERIE MOBILISÉE

DU NORD

M. Paul FOUCART

PENDANT

LA GUERRE DE 1870-71

VALENCIENNES
Imprimerie de Louis HENRY, Marché-aux-Poissons, 2
Mai 1888

Personne n'ignore que les périodes électorales ne brillent généralement point par l'aménité des polémiques, et que, durant ces temps de surexcitation, les partisans de chaque candidat s'efforcent de découvrir chez l'adversaire le défaut de la cuirasse, afin, s'il est possible, de l'y blesser mortellement.

La période électorale de la première quinzaine d'avril 1888, où M. Paul Foucart s'est, dans le département du Nord, trouvé en compétition avec M. le général Boulanger, est loin d'avoir fait exception à cette règle. Si les journaux républicains ont montré une modération relative, les feuilles qui défendaient l'ex-ministre de la guerre ne leur ont pas rendu la pareille, et elles n'ont épargné ni la diffamation ni l'injure pour essayer de jeter le discrédit sur le candidat du Congrès républicain.

Parmi les infamies qu'elles ont répétées à satiété, ont figuré, en première ligne, des imputations relatives au rôle qu'aurait joué M. Paul Foucart durant la guerre de 1870. Ces imputations ont varié : en passant de la *Lanterne* à l'*Intransigeant*, de l'*Intransigeant* à la *Cocarde* et de la *Cocarde* au *Lillois*, elles se sont mises plus d'une fois en contradiction les unes avec les autres ; et c'est pour y répondre d'une manière sommaire que, pendant la lutte électorale, plusieurs des organes anti-boulangistes insérèrent en caractères très apparents la note suivante :

« Certains journaux ont affirmé les uns que, pendant la guerre de 1870, M. Paul Foucart n'a pas quitté Valenciennes, les autres qu'il a cherché un refuge dans un bureau.

« M. Foucart a quitté Valenciennes le 4 décembre 1870.

» Il a été nommé lieutenant d'artillerie mobilisée le 22 décembre de la même année.

» Il n'a jamais, durant la guerre, été dans aucun bureau.

» Ceux qui disent le contraire mentent impudemment, et le savent bien. »

Cette note a fait taire quelques clabaudeurs. Mais on se souvient du précepte de Bazile : « Calomniez, calomniez : il en restera toujours quelque chose. » C'est pourquoi nous pensons que, pour l'honneur du parti républicain tout entier, solidaire, jusqu'à un certain point, de celui qui a porté son drapeau dans la grande mêlée du 15 avril 1888, il est utile d'exposer la question une fois pour toutes, afin que personne ne puisse, désormais, arguer d'ignorance.

I.

Né à Valenciennes le 20 février 1848, M. Paul Foucart appartient, comme militaire, à la classe de 1868, qui fut appelée à tirer au sort en 1869.

En vertu de l'article 4 de la loi sur le recrutement du 1er février 1868, il devait, durant cinq années prenant cours le 1er juillet de celle du tirage au sort, faire partie de la garde mobile. Mais à cette époque, la garde mobile n'était pas organisée, et personne ne savait si elle le serait jamais.

Au commencement de l'année suivante, certains amis des vieilles institutions valenciennoises s'occupèrent de réorganiser le corps des canonniers bourgeois. Ils proposèrent à leur compatriote d'y entrer comme volontaire. M. Foucart n'avait aucun motif pour refuser et il fut admis dans le bataillon de Valenciennes le 25 février 1870. Les registres sont là pour le prouver, et du reste les témoins ne manquent pas, puisque sur 30 membres dont se composait alors le conseil du corps, 18 sont encore vivants et 11 habitent Valenciennes. Ce sont :

MM. Eugène Henry, capitaine commandant la 3me batterie (1) ; Charles Dremaux, lieutenant-secrétaire ; Louis Henry et Emile Chartier, lieutenants à la 2me batterie (2) ; Charles Boucher, lieutenant à la 3me batterie ; François Meurs, adjudant (3) ; Adolphe Etruin et Théophile Loiseau, maréchaux-des-logis (4) ; Louis Desforges, brigadier ; Victor Ledieu et François Hernoud, canonniers (5).

N'oublions pas qu'on se trouvait alors au début du ministère Ollivier, et que, malgré les nuages qui s'amoncelaient vers l'Est depuis la bataille de Sadowa, personne, pas plus en France qu'en Prusse, ne croyait la guerre imminente. Attribuer des prévisions différentes à M. Paul Foucart, alors modeste étudiant en droit, serait lui faire don d'un génie politique très supérieur à celui de Bismarck lui-même.

Mais quelques mois après, les événements prirent une tournure bien différente. Le 8 mai 1870 eut lieu le fatal plébiscite qui rendit une force factice à l'Empire et le poussa aux aven-

(1) Aujourd'hui capitaine à la section des vétérans.

(2) Le premier lieutenant à la même section, le second capitaine faisant fonction d'adjudant-major.

(3) Adjudant aux vétérans.

(4) Le premier est encore en exercice.

(5) Voir le procès-verbal d'admission aux *Pièces justificatives*, n° 1.

tures. M. Paul Foucart se fit un honneur de le combattre énergiquement. Puis vinrent la candidature Hohenzollern au trône d'Espagne, la prétendue insulte infligée par le roi Frédéric-Guillaume à l'ambassadeur français Benedetti ; et, le 14 juillet, les fameuses séances du Corps législatif et du Sénat d'où résulta implicitement une déclaration de guerre à la Prusse.

Toutes les forces militaires disponibles furent alors dirigées, dans le désordre que l'on sait, vers notre frontière orientale. En même temps, le 17 juillet, les gardes mobiles étaient appelées à l'activité ; mais elles ne commencèrent à être incorporées que vers le 14 août.

Dans l'intervalle, M. Paul Foucart, qui venait de passer un examen de droit, était revenu en hâte de Paris afin de se tenir à la disposition de l'autorité militaire.

A côté de lui se trouvaient, dans les rangs des Canonniers de Valenciennes, d'autres jeunes gens appartenant aussi par leur âge à la garde mobile et dont l'instruction était commencée depuis environ trois mois et demi. Le Colonel Michel commandait en ce temps-là le bataillon, et certes ce n'est pas ce loyal soldat de Crimée et d'Italie qui, en les gardant auprès de lui, se serait rendu complice d'un acte de lâcheté. Loin de vouloir les chasser, il les réclama au contraire énergiquement, lorsqu'on fit mine de vouloir les lui enlever. Son intervention obtint un plein succès, et une note du général de brigade Desaint de Marthille, en date du 7 août, lui permit d'en conserver toujours 80 sous ses ordres (1). M. Paul Foucart ne prit aucune part à ces démarches : trop publiquement ennemi du Second Empire pour jouir alors d'une influence quelconque, il était entièrement absorbé par ses exercices militaires et n'avait ni le temps, ni le désir de s'occuper d'autre chose.

Chacun sait que le mois d'août 1870 fut, pour l'armée française, une époque d'effroyables désastres : les batailles de Forbach et de Reichshoffen d'abord, puis celle de Rezonville et de St-Privat dont la conséquence fut d'enfermer Bazaine dans Metz, enfin la marche de Mac-Mahon vers la frontière belge et la reddition de Sedan qui en fut la suite, vinrent coup sur coup jeter la consternation dans la France entière. Celle-ci n'espérait plus qu'en Bazaine, qu'elle ne savait pas être un traître, et en ses places fortes, dont la résistance devait donner à l'intérieur du pays le temps de se soulever et de mettre sur pied de nouvelles armées.

Mais ces places fortes, et particulièrement celles du Nord, laissaient bien à désirer ; leur aménagement général remontait à Vauban et,

(1) Voir le n° 2 des *Pièces justificatives*.

malgré bien des amé ioration de détail apportées depuis, ne se trouvait plus en rapport avec les nouveaux moyens d'attaque. Se chargeant par la bouche, leurs canons étaient surannés. Beaucoup même n'étaient pas rayés ; et placés sur des affûts construits pour des pièces à âmes l sses, ceux qui avaient reçu ce perfectionnement ne pouvaieut atteindre le maximum de leur portée. Elles ne renfermaient ni assez de chevaux, ni un matériel de campagne suffisant pour tenter même des sorties sérieuses en cas de siège. Quant à des fusils, il fallait, si l'on voulait s'en procurer qui ne fussent point à pierre ou à piston, les importer à grand frais de Belgique ou d'Angleterre. D'un autre côté, leurs garnisons ne comprenaient plus, comme armée active, qu'un petit nombre de dépôts restés en arrière lors des grandes marches du mois précédent. Les hommes ne manquaient point ; mais presque toute organisation était détruite, lorsque, le 4 septembre, le Gouvernement de la défense Nationale prit en main la direction des affaires.

Certains s'imaginent peut-être que Valenciennes était alors un lieu de sûreté et de délices. Erreur ! Accourus jusque-là à travers le territoire belge, quelques débris de l'armée de Sedan étaient venus y placer, sous les yeux de tous, la triste image de la défaite ; et nos hôpitaux s'encombraient de blessés. Personne ne connaissait le plan de campagne des Prussiens, et beaucoup de militaires pensaient que, tandis qu'une portion de leurs armées maintiendrait Bazaine sous Metz et qu'une autre assiégerait Paris, une troisième marcherait sur le Nord afin de brûler les villes fermées, et de rançonner à fond certaines villes ouvertes telles que Roubaix et Tourcoing. En cas d'attaque, Valenciennes ne voulait pas se rendre sans coup férir. C'était justement l'époque où Bernard Bernaert, le praticien de Carpeaux, taillait dans la pierre, au sommet de la nouvelle façade de l'Hôtel de Ville, l'image de la *Cité défendant la Patrie*; et chacun prétendait se montrer digne de cet héroïque souvenir du siège de 1793.

Dès le 11 août, sur l'ordre spécial du général Desaint de Marthille, le colonel Michel avait employé tous ses hommes disponibles à la mise en état de défense de la place (1). Un peu plus tard, il assigna à ses subordonnés leur poste de combat. Celui de M. Paul Foucart se trouvait sur la courtine de Mons, entre la porte du même nom et la caserne Poterne.

Le 11 septembre, son instruction de canonnier-servant étant complète, M. Foucart fut nommé, avec quatorze de ses camarades, soldat

(1) Voir le n° 3 des *Pièces justificatives.*

de 1re classe. Et dès lors, en même temps qu'il passait plusieurs heures par jour à suivre, pour lui-même, des cours spéciaux à l'arsenal, il consacrait le reste de son temps à l'exercice des recrues.

On remarquera que, par suite de la Révolution du 4 Septembre, sa position politique avait singulièrement changé. Son père, ami de Crémieux, de Gambetta et de Clément Laurier, les uns membres, l'autre délégué du nouveau gouvernement, était en correspondance presque journalière avec eux non moins qu'avec M. Testelin d'abord préfet du Nord, puis délégué de la Défense nationale dans les cinq départements du Nord, du Pas-de-Calais, de l'Aisne, de la Somme et des Ardennes, et avec M. Pierre Legrand, qui succéda à M. Testelin comme préfet du Nord. Il venait de se voir offrir le poste de procureur-général à la Cour de Douai. Si M. Paul Foucart avait voulu, comme on l'en a accusé, échapper à ses devoirs militaires, son père n'avait qu'un mot à dire pour lui faire donner une sous-préfecture ou quelque autre place du même genre. Ce mot, personne ne songea ni à le prononcer, ni à le faire prononcer. Preuve nouvelle de l'inanité des allégations de l'*Intransigeant*, de la *Lanterne*, de la *Cocarde* et du *Lillois !*

Au bout de quelques semaines, l'ennemi s'acharnant sur Metz et sur Paris, les villes du Nord semblèrent moins menacées et l'autorité militaire songea à tirer un autre parti des éléments jeunes et instruits que renfermait le corps des canonniers. C'est dans la prévision de leur prochain départ et en les regardant comme ne s'y trouvant plus qu'en subsistance que, le 25 septembre 1870, par ordre supérieur, M. Dufont, président du comité administratif de Valenciennes, écrivit au colonel Michel, afin que ses mobiles ne participassent point aux réélections des cadres du bataillon qui devaient avoir lieu quelques jours après (1).

Néanmoins, au milieu du désarroi de l'époque, leur sort demeura assez longtemps en suspens. Ce fut seulement le 17 novembre qu'un nouvel ordre du délégué de la Défense nationale prescrivit de les former en une batterie spéciale à laquelle seraient adjoints les membres des classes dites mobilisées.

M. Paul Foucart passa en même temps que ses camarades dans cette batterie qui, le 24 novembre, ayant eu à choisir ses cadres, nomma pour capitaine M. Edouard Mariage, mobilisé par son âge et jusque là simple maréchal-des-

(1) Voir le n° 4 des *Pièces justificatives*.

logis au corps, avec MM. Lorquin et Seligman pour lieutenants (1).

Le 1er décembre, la jeune batterie fut officiellement détachée du bataillon et le 4 du même mois, par une splendide journée d'automne et un froid sibérien, elle partit pour Lille (2).

II

Instruite et pleine d'élan, cette batterie pouvait en quelques jours, dès qu'on lui aurait affecté des canons, des chevaux et des conducteurs, être envoyée au feu.

L'autorité supérieure en disposa autrement.

Elle s'occupait, en effet, d'organiser l'armée du Nord, et de cette armée elle voulait faire non pas un simple moyen de défense pour la France septentrionale, mais un moyen d'attaque destiné à attirer vers la frontière Belge une portion des forces allemandes, afin, s'il se pouvait, de dégager Paris.

---

(1) Voir le compte-rendu complet de la formation de la 4e batterie au no 5 des *Pièces justificatives*.

(2) Voir le no 6 des *Pièces justificatives*.

Mais, pour cela, il fallait de l'artillerie de campagne, et comme on en manquait, le Délégué de la Défense Nationale, voulant obéir à un décret rendu par Gambetta le 18 novembre, résolut, au moyen des faibles ressources qui se trouvaient à sa portée, d'en créer un régiment tout entier.

Dans ce but, il appela auprès de lui un homme d'initiative, M. le capitaine Baudot, qu'il nomma lieutenant-colonel à titre auxiliaire, en lui donnant pleins pouvoirs et en le plaçant sous les ordres directs de M. le colonel Bel (1).

Ancien élève de l'école polytechnique, M. Baudot avait été précédemment occupé à l'armement de la place de Valenciennes. Là, après avoir toute la journée parcouru les remparts afin d'y donner des ordres ou de surveiller leur exécution, il avait, au commencement du mois d'octobre, consacré quelques nuits à la rédaction d'un plan de campagne et d'armée, où les grandes inondations du Nord et l'exploitation des ressources locales jouaient un rôle prépondérant. Communiqué au gouvernement de Tours, ce plan, trop vaste, n'avait pas été adopté ;

(1) M. le colonel Bel, précédemment capitaine de place à Valenciennes, a, immédiatement après la cessation des hostilités, publié une intéressante brochure intitulée *Les Mobilisés du Nord.*

mais il avait, de la façon la plus favorable, attiré l'attention sur son auteur.

Pour former sans retard les cadres de son régiment, le lieutenant-colonel Baudot en puisa la majeure partie dans les batteries qui, de divers points du département, venaient d'être concentrées à Lille. Le 22 décembre, celle de Valenciennes fut dédoublée et complétée par l'incorporation d'hommes appartenant aux classes mobilisées ; ces deux nouvelles batteries prirent le n° 2 et le n° 9, et elles reçurent les officiers suivants :

Chef d'escadron : Edouard Mariage ;

2e batterie :
- *Capitaine en* 1er : Villeminot (Paul) de Reims ;
- *Capitaine en* 2e : Seligman (Jacques) ;
- *Lieutenant en* 1er : Foucart (Paul) ;
- *Lieutenant en* 2e : Devémy (Georges) ;

9e batterie :
- Capitaine en 1er : Pillez (Jules) ;
- Capitaine en 2e : Lorquin (François) ;
- Lieutenant en 1er : Hagimont (Frédéric), d'Amiens ;
- Lieutenant en 2e : Ghislain (Edmond), jeune artilleur belge, ayant offert ses services à la France pour la durée de la guerre.

Certains journaux n'ont pas manqué d'imprimer plus tard que M. Paul Foucart dut sa nomination à des amitiés républicaines C'est faux.

Il la dut exclusivement à la proposition de son capitaine, devenu chef d'escadron, et qui, pendant plusieurs mois, avait eu le loisir de constater la conduite exemplaire, le caractère droit et ferme, et l'instruction très étendue de son subordonné. M Testelin, en sa qualité de Délégué du Gouvernement, signa les brevets tels qu'ils lui furent présentés ; il ratifia sans contrôle les choix qui lui étaient normalement et hiérarchiquement soumis, et une quinzaine d'années après, causant avec M. Foucart, qu'il croyait beaucoup plus jeune, il fut très étonné d'apprendre qu'il l'avait fait officier en 1870. La meilleure preuve que la politique ne fut pour rien dans l'affaire, c'est que le jour où M. Foucart était nommé lieutenant, M. le capitaine Déjardin (connu depuis son mariage sous le nom de Déjardin-Verkinder), actuellement député monarchiste du Nord, était promu chef d'escadron dans le même régiment (1).

A peine la deuxième batterie avait-elle reconnu ses officiers et encadré le complément de son effectif que, le 1er janvier 1871, elle reçut tout-à-coup l'ordre de partir pour Douai afin d'y

(1) 1re et 8e batterie. — Voir aux nos 7 et 8 des *Pièces justificatives* le brevet de M. Foucart ainsi que les cadres complets des deux batteries de Valenciennes.

entretenir 210 chevaux de réquisition et de les dresser au service de l'artillerie.

La situation devenait difficile à plusieurs points de vue : d'abord, la batterie renfermait très peu de cavaliers ou d'hommes accoutumés à soigner les chevaux ; puis, la plupart des mobilisés qu'elle avait récemment reçus appartenaient à des villages voisins de Douai ; de telle sorte que, médiocrement soucieux de la discipline militaire, beaucoup violaient les plus sévères consignes, sautaient par dessus les murs de la caserne de Marchiennes après l'appel du soir, et allaient passer la nuit chez eux.

Chargés de l'organisation du service, les lieutenants Foucart et Devémy commencèrent par former, de tous les cavaliers et garçons de ferme de la batterie, un peloton spécial chargé d'instruire les autres. Ensuite le premier réunit tous les hommes, leur rappela la nécessité d'une obéissance stricte, et leur déclara qu'il se verrait dans la nécessité de frapper d'une manière impitoyable ceux qui y manqueraient sciemment. Il leur interdit d'une manière spéciale toute sortie nocturne. Son droit de leur parler ainsi était d'autant plus incontestable que lui-même, étant simple soldat, n'avait point séparé son sort de celui du plus pauvre de ses camarades, et qu'à Lille, durant trois semaines, dans l'usine Walcker, filature inachevée et ouverte à tous vents où on les avait casernés, il n'avait jamais voulu dormir que sur le plancher maigrement couvert d'une botte de paille. Le lendemain, trois avaient encore découché. Il les punit et, malgré toutes les prières, maintint la condamnation. Cette énergie produisit le meilleur effet, et, depuis, les occasions de sévir devinrent infiniment rares.

Au moyen de harnais, de canons et de caissons fournis par l'arsenal de Douai, hommes et bêtes manœuvrèrent chaque jour, et furent bientôt mis à même de rendre de sérieux services. Les officiers de la batterie consacraient le peu d'heures qui leur restaient de loisir à prendre part, sur le polygone, à des exercices à feu.

Mais le général Faidherbe ayant, le 19 janvier, livré la bataille de Saint-Quentin, qui se trouva être la dernière de la campagne, et toute l'armée se rabattant sur les places du Nord, la 2me batterie reçut le 23 janvier dans l'après-midi, l'ordre d'enfourcher ses chevaux et de retourner à Lille. A cause de la neige qui rendait les communications très difficiles, elle y alla en deux étapes, coupées par un arrêt à Pont-à-Marcq. Puis elle remit ses montures au train d'artillerie.

Pendant l'armistice qui suivit la reddition de Paris et qui fut signé le 29 janvier 1871, les batteries mobilisées du Nord complétèrent leur organisation, malgré une épidémie de petite vérole qui vint y faire de cruels ravages. En cas de reprise des hostilités, elles devaient être en majeure partie dirigées sur Dunkerque ; puis partir de là pour Cherbourg, d'où elles auraient pris part à la défense de l'ouest.

L'adoption des préliminaires de paix par l'Assemblée nationale de Bordeaux, dans sa séance du 2 mars 1871, coupa court à ces projets ; et à l'exception de son état-major, le régiment d'artillerie mobilisé fut licencié le 5 mars.

III.

De tout ce qui précède ressort que M. Paul Foucart s'est volontairement engagé aux canonniers de Valenciennes le 25 février 1870 alors que rien ne pouvait faire prévoir qu'une guerre éclaterait dans l'année; qu'en agissant de la sorte il n'avait qu'un but : s'instruire de ses devoirs militaires, afin de pouvoir s'en acquitter le cas échéant ; qu'il a ainsi fait quelques mois de service de plus que ses camarades de la garde mobile ; qu'il est resté depuis lors à la disposition absolue de l'autorité publique, a obéi à tout ce qu'elle lui a commandé et s'est scrupuleusement abstenu de toute démarche ayant pour but de se créer un sort privilégié.

Il en résulte encore que, tant en qualité de soldat que d'officier, il s'est conduit de manière à être distingué de ses chefs et à mériter l'avancement qu'il a obtenu ; que cet avancement ne lui a pas été accordé au bout de quelques jours, mais après dix mois de service ; qu'à ce moment, il avait déjà quitté ses foyers et que depuis, il a contribué, par un service des plus actifs et non en cherchant une place dans un bureau, à l'essai d'organisation du régiment d'artillerie mobilisée du Nord.

Si, malgré tout, on juge son avancement rapide, on ne doit pas oublier que les officiers de la garde mobile avaient été nommés sans stage et sans examen ; que ceux qui furent élus plus tard par différents corps n'offraient d'autre garantie que leur bonne volonté ; que d'ailleurs, à cette époque de crise aiguë, toutes les règles se trouvaient bouleversées ; que l'improvisation était à l'ordre du jour ; et qu'après tout, il n'est pas plus extraordinaire de voir le canonnier de 1re classe Foucart devenir lieutenant d'artillerie, que le capitaine Cremer passer général.

Si, à un autre point de vue, on juge étrange que, mobile, il ait servi avec des mobilisés, on ne doit pas oublier non plus qu'après quelques mois de guerre toutes ces distinctions avaient singulièrement perdu de leur importance; qu'elles avaient cessé d'impliquer par elles seules aucune présomption d'instruction ou d'ignorance militaire, puisque la partie de l'armée active où avaient été tardivement incorporés certains jeunes soldats de la classe de 1870 était certainement ce qu'il y avait de moins exercé en France; qu'il n'existait donc plus qu'un ensemble d'hommes à la disposition de l'autorité militaire et dont elle usait indifféremment pour ce qu'elle croyait être le plus grand bien de la défense.

Si l'on veut s'en convaincre, il suffit d'examiner la situation faite à l'artillerie mobile du Nord, qui, logiquement, aurait dû entrer tout entière en ligne avant les mobilisés. Or sur 20 de ses batteries, 3 seulement allèrent au feu, tandis que les 17 autres restèrent à pied et de la façon la plus sédentaire dans certaines places fortes. En notant cette particularité, nous n'avons nullement pour but de rabaisser cette artillerie; nous voulons seulement indiquer que, par suite des circonstances, le régiment d'artillerie que tenta de créer le lieutenant-colonel Baudot rendit au moins autant de services qu'elle.

D'abord, en dehors des chevaux que dressait la seconde batterie et dont nous avons parlé, ce régiment ou, pour être plus précis, sa 9e batterie, placée sous les ordres du capitaine Pillez, de Valenciennes, en fournit environ 400 autres dont un très grand nombre harnachés, à l'armée du Nord, appoint qui permit au général Faidherbe de tirer toutes ses voitures du mauvais pas de Saint-Quentin.

Puis, deux des batteries de ce régiment, provenant de celle de Cambrai dédoublée et qui avait pris la droite parce qu'elle était arrivée à Lille, le 4 décembre 1870, quelques heures avant les canonniers valenciennois, furent complètement organisées avec des conducteurs et servants improvisés, des chevaux de réquisition, des harnachements et des canons Armstrong achetés en Angleterre. Construits en acier. ces canons différaient beaucoup des pièces ordinaires de campagne, et l'un des commandants avait dû traduire de l'Anglais certains renseignements afin de compléter la théorie qu'il rédigea spécialement pour le régiment sur l'ordre du lieutenant colonel. Au moment de la bataille de St-Quentin, ces deux batteries étaient prêtes à combattre sous les ordres du chef d'escadron Déjardin (1).

(1) Leur cadre d'officiers était ainsi composé :

1re Batterie.

Capitaine en 1er. — Lallemand.
Capitaine en 2e. — Lepot.
Lieutenant en 1er, — Duroyon (Alfred).
Lieutenant en 2e. — de Chauny.

Tout cela avait été accompli en sept semaines et nous demandons aux spécialistes s'il est possible, quand tout est à créer, d'atteindre plus vite un résultat aussi remarquable.

Lorsque les canonniers partis de Valenciennes le 4 décembre 1870 rentrèrent dans leur ville natale, au commencement de mars 1871, ils comprenaient parmi eux 1 commandant, 3 capitaines, 7 lieutenants, 2 adjudants et 48 sous-officiers ou brigadiers. Ces grades, recueillis en si grande abondance, étaient un juste hommage qu'avait rendu l'autorité militaire du temps à l'excellente instruction qu'ils avaient reçue avant leur départ. M. Paul Foucart n'a nullement à rougir aujourd'hui d'avoir jadis fait partie de ce groupe d'élite. Si, comme ses compagnons, il est revenu les mains vides de lauriers et après avoir usé son activité dans d'obscures et ingrates besognes, il a du moins cette consolation d'avoir toujours fait son devoir.

9e Batterie.

Capitaine en 1er. — Jacques.
Capitaine en 2e. — Legrand.
Lieutenant en 1er — Batailie (Alphonse)
Lieutenant en 2e. — Bertrand (Julien), remplacé a la fin de la guerre par M. Georges Devémy, précédemment lieutenant à la 2e batterie.

PIÈCES JUSTIFICATIVES

PIÈCE N° 1.

Extrait du livre d'ordre des Canonniers de Valenciennes.

CONSEIL DE FAMILLE.

N° 42.

En date du 25 Février 1870.

....

Un membre propose de nommer une commission qui serait chargée officiellement de recruter des canonniers. Le Conseil, tout en désirant que chacun fasse le plus de recrues possible, n'admet pas la proposition.

Le secrétaire est chargé de rappeler aux canonniers qui ne sont point encore habillés qu'aux termes de l'article 2 du règlement, ils doivent l'être un mois après la signature de leur engagement.

Sont admis à faire partie des canonniers :

MM. Foucart (Paul-Emile.)
Lancelot (Gustave.)

Le Lieutenant-secrétaire,
DREMAUX.

Le Capitaine adjudant-major commandant par intérim,
ROBERT.

Etaient présents : MM. Robert, Baboma, Drémaux, Meurice (Auguste), Maillard, Henry (Eugène), Fournier, Teinturier, Henry (Louis), Chartier, Boucher, Meurs, Barbenson, Bossut, Etruin, Loiseau, Gary, Fontaine, Ganna, Desforges, Ledieu, Podevin, Dombret, Hernoud, Ghislain, Pamelar.

PIÈCE N° 2.

3e DIVISION MILITAIRE.
1re Subdivision.
Place de Valenciennes.

Note.

Par décision du 5 août, le général de division a autorisé 80 gardes nationaux mobiles, incorporés aux canonniers sédentaires de Valenciennes, à continuer leur service dans ce dernier corps en cas de convocation de la garde nationale mobile.

Si, parmi ces 80 jeunes gens ainsi dispensés, il se produit des vacances par démission, décès, etc, le général autorise leur remplacement, mais sans que le chiffre des individus dispensés puisse jamais dépasser 80. Prière d'aviser M. le commandant des canonniers sédentaires, à qui il appartient de faire connaître à qui de droit le nom des démissionnaires et de ceux qui les remplacent.

Lille, le 7 août 1870.

Le Général de brigade,
DESAINT DE MARTHILLE.

Pour copie conforme et notification pour exécution à M. le lieutenant-colonel commandant les canonniers sédentaires de Valenciennes.

Valenciennes, le 8 août 1870.

Le Colonel commandant la place,
(Illisible.)

PIÈCE N° 3.

3e DIVISION MILITAIRE.
1re *Subdivision.*
N° 5059.

Ordre de la division, n° 22.

Le ministre écrit ce qui suit, à la date du 8 août, à M. le général commandant la 3e division militaire.

« J'ai l'honneur de vous prier d'activer par tous » les moyens en votre pouvoir, la mise en état de » défense des places du département du Nord.

» Afin d'imprimer à ces travaux toute l'énergie » que comportent les circonstances actuelles, vous » ferez aider les troupes de l'artillerie dont l'effectif » ne suffirait pas à une pareille tâche, par les gardes » nationales mobiles déjà réunies dans les places. » En outre, vous n'hésiterez pas à faire un appel » énergique au concours des populations.

» Lille et Valenciennes possèdent des corps de » canonniers volontaires ; je ne doute pas que dans » les autres places on ne trouve provisoirement un » même concours. C'est surtout dans la défense des » places qu'il doit être efficace. »

Lille, le 11 août 1870.

Le général de brigade.
DESAINT DE MARTHILLE.

M. le commandant des canonniers sédentaires à Valenciennes.

PIÈCE N° 4.

Extrait du livre d'ordre des Canonniers de Valenciennes.

N° 59.

En date du 25 septembre 1870.

Monsieur le colonel,

Le corps des canonniers sédentaires doit procéder mardi prochain à l'élection de ses chefs. A ce propos, j'ai l'honneur de vous prier de vouloir bien profiter de la première réunion aux exercices pour prévenir tous ceux qui sont incorporés dans le corps en qualité de gardes mobiles et non pas comme faisant partie de la garde nationale qu'ils ne doivent pas participer aux opérations électorales.

Je m'en rapporte à vous du soin de veiller à l'exécution de cette mesure.

Agréez, Monsieur le colonel, l'assurance de ma considération.

DUFONT.

PIÈCE N° 5.

Extrait du livre d'Ordre des Canonniers de Valenciennes.

N° 72.

Création de la 4e batterie mobilisable. — Election des Officiers, Sous-Officiers et Brigadiers.

République Française.

Le Comité administratif de l'arrondissement de Valenciennes :

Considérant que, sur les contrôles du corps des Canonniers sédentaires se trouvent inscrits cent deux jeunes gens, appartenant soit à la garde mobile, soit à la garde mobilisée ;

Considérant que, s'il importe d'une part d'utiliser l'instruction déjà acquise par les mobiles et les mobilisés, il n'est pas moins nécessaire de l'autre de ne point créer de privilège en leur faveur ;

Considérant que ce double but peut être atteint au moyen de la création d'une quatrième batterie mobilisable et tenue à la disposition de M. le Ministre de la guerre ;

Vu la loi du 13 juin 1851 ;

Vu le décret du 6 octobre suivant ;

Vu le décret en date du 8 novembre 1870 ;

ARRÊTE :

ART. 1er. — Il est formé dans le corps des Canonniers valenciennois, une quatrième batterie mobilisable dont l'effectif comprendra les cent deux gardes mobiles et gardes mobilisés, actuellement portés sur les contrôles.

Cet effectif pourra être augmenté par l'inscription d'engagés volontaires ayant moins de 20 ans et plus de 40, reconnus aptes au service de l'artillerie.

ART. 2. — La batterie ainsi constituée élira dans le plus bref délai ses officiers, sous officiers et brigadiers conformément aux cadres tracés par le décret du 6 octobre 1851 et suivant les conditions déterminées par la section V de la loi du 13 juin 1851.

ART. 3. — Tant que la 4e batterie ne sera pas appelée à servir en dehors de la place, elle sera placée sous le commandement du lieutenant-colonel commandant les Canonniers et sa discipline sera réglée par le décret du 8 novembre 1870.

ART. 4. — Les trois batteries sédentaires, jusqu'au jour de la mise à exécution du décret du 2 novembre 1870, conserveront leur composition actuelle.

L'effectif pourra en être complété conformément à l'arrêté ministériel en date du 12 mai 1869, mais, dans les circonstances actuelles, les inscriptions nouvelles ne seront reçues qu'après justification de la part des postulants qu'ils n'appartiennent à aucune des catégories soumises à la mobilisation.

ART. 5. — M. le maire de la ville de Valenciennes et M. le lieutenant-colonel chef de corps sont chargés, chacun en ce qui le concerne, de l'exécution du présent arrêté.

Fait à Valenciennes, le 14 novembre 1870.

Les Président et Membres du Comité administratif de l'arrondissement de Valenciennes,

REGNARD, président.
ROUSSEAU.
A. GIRARD.
NUGUES.
H. THEILLIER.

Approuvé.

Lille, le 17 novembre 1870.

Le Préfet du Nord,
(Signé) Pierre LEGRAND.

Pour copie conforme :
Le Président du Comité administratif,
REGNARD.

En conséquence, par ordre du lieutenant-colonel commandant le corps des canonniers, les mobiles et mobilisés devant former la quatrième batterie ont été, par convocations, réunis dans une des salles de l'Hôtel-de-Ville, le jeudi 24 présent mois, à deux heures de l'après-midi, pour procéder aux élections de leurs officiers, sous-officiers, brigadiers.

MM. Dufont, président de la commission municipale provisoire, Beauvois et Lebacqz père, ont pris place au bureau, le premier en qualité de président de l'assemblée, les deux suivants comme scrutateurs.

Ils ont choisi comme secrétaire M. Emile Delsaut, lieutenant-secrétaire au corps des canonniers.

Par suite de la majorité des suffrages acquis, les suivants ont été nommés aux grades de :

Capitaine : M. Mariage (Edouard), par 43 voix sur 66 votants.

Lieutenant en 1er : M. Lorquin (François), par 53 voix sur 84 votants.

Lieutenant en 2e : M. Salomon (Jacob) (1), par 52 voix sur 84 votants.

Maréchal-des-logis chef : M. Pillez (Jules), par 72 voix sur 83 votants.

Maréchal-des-logis fourrier : M. Moreau (Alcide), par 27 voix sur 84 votants.

Maréchaux-des-logis : MM. Ledieu (Victor), par 19 voix sur 83 vot.
Defay (Léon), par 18 voix sur 83 votants.
Boulanger (Edmond), par 18 v. sur 83 vot.
Dussart (François), par 17 v. sur 83 vot.

Brigadiers : MM. Pillez (Victor), par 27 voix sur 77 votants.
Giard (Auguste), par 25 voix sur 77 votants.
Broquet (Emile), par 21 voix sur 77 votants.
Lanchin (Louis), par 20 voix sur 77 votants.
Cordier (Arthur), par 18 voix sur 77 votants.
Ganna (Henri), par 16 voix sur 77 votants.
Colin (Gustave), par 16 voix sur 77 votants.
Baude (Charles), par 35 voix sur 43 votants.

A Valenciennes, le 25 novembre 1870.

Le lieutenant colonel commandant.

MICHEL.

(1) Cet officier, actuellement capitaine aux Canonniers de Valenciennes, est aujourd'hui plus connu sous son vrai nom de *Jacques Seligman*.

PIÈCE N° 6.

Valenciennes, le 4 décembre 1870.

Capitaine,

Votre batterie partira ce matin à 10 h. 35 de la gare. Réunion sur la place d'Armes. Le chef de gare désire que les hommes soient au chemin de fer à 9 h. 45 matin.

Le lieutenant-colonel commandant la légion.
BRABANT.

P. S. — Veuillez, je vous prie, avertir M. Henri Denoyelle, de votre batterie, que je l'ai désigné pour mon secrétaire-adjoint.

PIÈCE N° 7.

Défense des départements du Nord de la France.

Brevet d'officier provisoire
dans la garde nationale mobilisée et l'armée auxilaire.

M. Foucart, nommé lieutenant en 1er de la 2e batterie d'artillerie du département du Nord, appointement prenant cours du jour du départ.

Le Commissaire de la défense,
A. TESTELIN.

PIÈCE N° 8.

Cadres des batteries mobilisées de Valenciennes.
2e batterie.

Officiers
- Capitaine en 1er : Villeminot (Paul).
- Capitaine en 2e : Salomon (Jacob).
- Lieutenant en 1er : Foucart (Paul).
- Lieutenant en 2e : Devémy (Georges).

Adjudant : Boulanger (Edmond).
Maréchal-des-logis chef : Moreau (Alcide).
Maréchal-des-logis fourrier : Quinet (Nestor).
Brigadier-fourrier : Galopin (Paul).

Maréchaux-des-logis :

Delbrayère.	Ganna (Henri).
Legrand (Alphonse).	Stuivers (Alex.).
Cordier (Arthur).	Guillaume (Paul).
Lapchin (Louis).	Broquet (Em.), vaguemre.

Brigadiers :

Stiévenard (Ernest)	Delcroix (Hippolyte).
Lecoq.	Mineur (Isidore).
Frangville (César).	Biju (Alexandre).
Lambert (Alexandre).	Giard (Auguste).

9e batterie.

Officiers
- Capitaine en 1er : Pillez (Jules).
- Capitaine en 2e : Lorquin (François).
- Lieutenant en 1er : Hagimont (Frédéric).
- Lieutenant en 2e : Ghislain (Edmond).

Adjudant : Defay (Léon).
Maréchal-des-logis chef : Lapchin (Jules).
Maréchal-des-logis fourrier : Stiévenard (Ernest).
Brigadier-fourrier : Dewale (Eugène).

Maréchaux-des-logis :

Dargent (Théodore).
Bardel (Marius).
Pillez (Victor).
Vassart (François).
Debosse (Charles).
Druesne (Amédée).
Mineur (Alphonse).
Ledieu (Victor).
Lamotte (Léon).

Brigadiers :

Lebacqz (Théodore).
Page (Henri).
Giard (Jules).
Parent (Félicisme).
Lebrun (Victor).
Rombaux (Charles).
Bruyère (Henri).
Roblot (Frédéric).

Valenciennes. — Imp. Louis Henry.

www.ingramcontent.com/pod-product-compliance
Ingram Content Group UK Ltd.
Pitfield, Milton Keynes, MK11 3LW, UK
UKHW021317190726
13839UKWH00007B/1925

9 782329 553856